DAS CINZAS AO TRONO

WILMAR SOARES SIQUEIRA

DAS CINZAS AO TRONO

ISBN: 85-87301-52-7

Original de
Wilmar Soares Siqueira

1ª Edição – Julho de 2006.

Capa de
Marcos Vieira

Diagramação e Impressão:

Imprensa da Fé.

Caixa Postal 225 – Vinhedo, SP
CEP 13280-000
Fone/Fax: (19) 3886-5266
Visite nosso site na Internet:
www.ifceditora.com.br

ÍNDICE

APRESENTAÇÃO

É motivo de muita alegria e um privilégio apresentar a você, leitor, esta literatura que foi uma profunda inspiração de Deus na vida do Pr. Wilmar Soares Siqueira.

Creio que uma das áreas mais difíceis de serem trabalhadas na vida cristã ocorre quando existe a crise, a adversidade, o surgimento do inimigo .

A maneira errada pela qual milhares de cristãos enfrentam os problemas e as lutas, tem levado à derrota .

Este livro vem trazer profundas revelações da Palavra de Deus, através da experiência de Davi .

Foram as atitudes corretas, estratégias de Deus que garantiram a vitória daquele homem .

Certamente, cada um de nós, se em meio às lutas e dificuldades, reagirmos como Davi, também seremos vencedores e vitoriosos.

Quero parabenizar o Pastor Wilmar pela inspiração que nos traz, parabenizar o povo de Deus que, após a leitura deste livro, viverá experiências de vitórias.

Pr. Joel Cardoso Jr.

(Pastor Titular da Igreja Metodista Renovada)

DEDICATÓRIA

Dedico este livro àqueles que estão sendo perseguidos e injustiçados por este mundo; àqueles que foram feridos e abandonados por parentes e amigos.

Dedico também àqueles que se encontram cansados e desanimados a ponto de sucumbir na fé; dedico este livro àqueles que se encontram prostrados sobre as cinzas do que foram um dia; àqueles que têm chorado e exclamado:

- *Deus se olvidou de mim !*

Dedico este livro a você que o examina agora e se pergunta:

- *Devo lê-lo ou não?*

Eu oro para que o Deus e Pai de nosso Senhor Jesus Cristo o erga das cinzas ao sucesso.

São Paulo, 01 de março de 2006.

Pr. Wilmar Soares Siqueira

INTRODUÇÃO

No dia em que Davi foi ungido por Samuel, o Espírito do Senhor se apossou dele; e fê-lo um grande guerreiro.

Logo após sua unção, o Espírito do Senhor o incitou a enfrentar Golias e a derrotá-lo. Depois dessa conquista, Davi se tornou famoso e respeitado em Israel.

O Rei Saul e Jonatas, seu filho, amaram a Davi a ponto de levá-lo para morar no palácio.

Depois desses episódios, Davi tornou-se genro do rei e chefe de seu exército e, por onde quer que fosse, alcançava bom êxito; porque o Senhor era com ele. Por causa de suas constantes conquistas, a popularidade de Davi cresceu sobremaneira a ponto de receber mais honra do que o próprio rei.

Em razão disso, o coração de Saul começou a sentir inveja mortal de Davi, que não demoraria a se transformar numa dura perseguição ao eleito de Deus.

A perseguição foi tão intensa que, por fim, para salvar-se, Davi teve que fugir da terra de Israel e buscar refúgio entre os filisteus.

Na terra dos filisteus, Davi achou graça aos olhos do rei Aquis o qual lhe deu a cidade de Ziclaque para morar.

Nos anos em que Davi passou fugindo de Saul, muitas pessoas foram-se unindo a ele, até que se formou um grupo de seiscentos homens; que estavam com ele por onde quer que fosse.

O rei dos filisteus confiava em Davi e pretendia fazê-lo capitão de sua guarda pessoal. Naqueles dias, houve guerra entre Israel e os Filisteus . E Aquis levou Davi e os seiscentos homens consigo para a batalha; porém, os príncipes dos filisteus não concordaram, temendo que Davi, para fazer as pazes com o rei de Israel, se voltasse contra os filisteus e os levasse à derrota.

Então o rei Aquis pediu a Davi que voltasse com seus homens para Ziclaque.

Na verdade, não sei de que lado Davi ficaria, se tivesse que ir para a batalha. Mas imagino que ele sentiu alívio, quando foi dispensado; pois não teria que enfrentar seu próprio povo, Israel, em favor dos filisteus ou trair a confiança dos filisteus que o acolheram. Seria difícil trair a amada Pátria, Israel.

Todavia, uma surpresa terrível o aguardava. Enquanto Davi e seus homens estavam ausentes, os amalequitas vieram e deram com ímpeto contra Ziclaque; levaram suas famílias cativas, saquearam todos os seus bens e queimaram a cidade a fogo.

Convido o amado leitor, para examinarmos juntos as atitudes que Davi tomou naquela situação. Atitudes que o fizeram erguer-se das cinzas de Ziclaque até o trono de Israel.

Como podemos ter essas mesmas atitudes hoje, ao depararmos com a adversidade em nossa vida?

Capítulo Um

DAVI CHOROU ATÉ NÃO HAVER MAIS FORÇAS

"Davi e os seus homens vieram à cidade, e ei-la queimada, e suas mulheres, seus filhos e suas filhas eram levados cativos.

Então, Davi e o povo que se achava com ele ergueram a voz e choraram, até não terem mais forças para chorar ."

(I Samuel 30: 3, 4)

Fazia mais ou menos oito dias que eles haviam partido de Ziclaque; deixando suas famílias alegres, provisão suficiente para viverem, enquanto eles estivessem fora.

Mas, enquanto Davi e seus homens estavam ausentes, os amalequitas vieram e levaram suas famílias cativas, saquearam todos os seus bens e queimaram a Ziclaque completamente. Eles voltaram e tudo que puderam ver diante de si foi cinzas, cinzas, cinzas, nada mais que cinzas.

Que cenário triste eles contemplaram! Que visão horrenda !

Suas casas, seus sonhos foram transformados em cinzas.

A PRIMEIRA ATITUDE

A primeira atitude de Davi em meio àquela situação foi chorar e chorar.

Davi e seus homens choraram até que não houvesse mais forças neles. Eles choraram até esgotarem as lágrimas.

Davi e seus homens fizeram o que qualquer pessoa faria naquela situação: choraram copiosamente, não devemos nos enganar com a falsa afirmação de que o Cristão não chora, isso não é verdade, somos humanos e, ao deparar com a dor , o normal é chorar, como Davi e seu grupo fizeram.

Creio que o primeiro pensamento que Davi e seus homens tiveram, ao deparar com a cidade transformada em cinzas, foi o pensamento de que tudo estava perdido, de que não adiantaria fazer mais nada além de chorar.

Quem sabe, tem sido esta a sua situação, amado leitor? Você tem olhado para sua vida e deparado apenas com cinzas, cinzas dos sonhos, cinzas da esperança.

Você tem buscado uma saída, mas parece não haver solução para o seu problema; você não tem mais cabeça para pensar em nada.

Então tudo o que você faz é chorar, chorar e chorar. Foi assim que Davi se viu, foi isso que Davi sentiu e foi isso que Davi fez: Chorou, chorou e chorou...

UM ABISMO CHAMA OUTRO ABISMO

"Davi muito se angustiou, pois o povo falava de apedrejá-lo, porque todos estavam em amargura...".

(I Samuel 30: 6)

Aqui Davi encontra uma situação ainda pior, como se não bastasse a dor que sentia, pela perda da sua família, agora, os companheiros queriam responsabilizá-lo pelo que acontecera também com as famílias deles.

Creio que eles acusavam Davi de haver cometido um erro militar, quando foi após o rei Aquis, levando consigo todos os homens e não deixando ninguém para guardar a cidade.

A verdade é que sempre que as coisas dão errado, todos querem achar alguém em quem possam lançar a culpa.

Amado, quem sabe, tem sido esta também a sua situação. As pessoas que o cercam querem atribuir a você o fracasso e a ruína. Quantas vezes as pessoas têm olhado para você, apontando para as cinzas, como querendo dizer:

-Você é o responsável por tudo isso. Veja o resultado do que você fez.

Outras vezes, nem são pessoas que o condenam, mas os seus próprios pensamentos. Você se sente culpado pelo insucesso daqueles que o cercam.

Davi muito se angustiou, pois os seus próprios companheiros ameaçavam linchá-lo. Ele era o líder, assim, logo o tomaram como " bode expiatório ".

Quem sabe, você se encontra numa situação parecida com a de Davi. Não pare de ler este livro, Davi saiu daquela crise.

A Bíblia diz que devemos ser imitadores daqueles que pela fé e paciência herdam as promessas.

Creia em Deus, seja paciente consigo mesmo e você sairá da crise como Davi saiu.

"Porque há esperança para a árvore, pois, mesmo cortada, ainda se renovará, e não cessarão os seus rebentos.

Se envelhecer na terra a sua raiz, e no chão morrer o seu tronco,

Ao cheiro das águas brotará e dará ramos como a planta nova. " (Jó 14: 7-9)

DAS CINZAS, PARA UM GRANDE TEMPLO

O saudoso missionário Manoel de Mello, fundador da Igreja Evangélica "O Brasil para Cristo", era um homem cheio do Espírito Santo e de ousadia.

Por seu intermédio, Deus operava grandes curas, sinais, prodígios e maravilhas; de sorte que as multidões convergiam à igreja, para ouvi-lo.

Ele começou seu ministério na década de cinqüenta, pregando numa tenda no bairro do Belém em São Paulo.

Por causa de sua maneira audaciosa de pregar a Palavra de Deus, não era aceito por muitos, até mesmo por alguns cristãos conservadores.

Numa noite, em meados de 1957, a tenda do missionário foi cruelmente incendiada. Por se tratar de material inflamável, ela foi completamente consumida pelo fogo. Na manhã seguinte, só restavam cinzas, daquela que fora palco de tantos milagres gloriosos.

A despeito do acontecido, o missionário não caiu no desânimo nem se deixou intimidar pelo inimigo, ao contrário, ganhou mais ousadia em Deus e, das cinzas, erigiu um tabernáculo, no lugar da tenda; o qual abrigava as pessoas que vinham de todas as partes, contemplar as maravilhas que Deus continuava a operar pela instrumentalidade do missionário.

Um novo ataque do inimigo veio pouco mais tarde; de maneira covarde, na calada da madrugada, os inimigos da cruz de Cristo, destruíram completamente o tabernáculo.

Pela manhã, através do programa de rádio, que o missionário tinha, cristãos de toda parte tomaram conhecimento do que havia acontecido com o tabernáculo que eles tanto amavam e choraram.

Porém, o missionário, não se deu por vencido, antes, buscou forças em Deus, para pregar o evangelho ainda com mais veemência.

Assim, não muito depois dessas coisas, o missionário comprou um grande terreno na Pompéia, região da Lapa, onde construiu um dos primeiros grandes templos do Brasil, de onde seu ministério se expandiu por todo o território nacional.

Capítulo Dois

DAVI SE FORTALECEU NO SENHOR

"Porém Davi se reanimou no Senhor seu Deus ."

(I Samuel 30:6)

Aqui começou a vitória de Davi, e é aqui que começa a vitória de qualquer pessoa.

Davi não permaneceu olhando para as cinzas, depois de haver chorado até não haver mais forças, Davi foi buscar consolo do Senhor.

Ele sabia que não poderia ficar ali a vida inteira, olhando para as cinzas. Por isso foi buscar ajuda no Senhor.

Amado, não adianta você ficar lamentando o leite derramado, você não pode passar a vida inteira contemplando as cinzas dos seus sonhos.

É normal chorar, quando nos vem a tribulação, Davi chorou e nós choramos também, o que não podemos é permitir que as lágrimas embacem os olhos da nossa fé de tal maneira que não possamos mais ver o Senhor conosco. A autocomiseração não nos ajudará em nada, ao contrário, ela só nos impedirá de ver a solução de Deus para o problema. A direção de Deus para nossa vitória.

Lembro-me de determinada senhora que caminhou conosco por muitos anos. Era fiel ao Senhor e cumpridora de seus deveres para com a comunidade; porém, um dia, ela foi apanhada de surpresa por uma grande tragédia.

Um de seus filhos foi vítima de um assalto e, em conseqüência disso, veio a falecer. Procuramos ficar ao lado dela, para incentivá-la a permanecer firme na fé.

Porém, ela não correspondeu a nossa atenção, preferindo ficar olhando para as cinzas a receber qualquer ajuda. Depois do ocorrido, nunca mais ela voltou à igreja; foi nos evitando aos poucos até que perdêssemos todo o contato com ela .

Eu sei que, às vezes, acontecem coisas, que nos levam a pensar que nunca mais voltaremos a ter alegria na vida. Mas devemos nos lembrar sempre de que Deus é poderoso para restaurar os nossos sonhos, ainda que seja das cinzas.

ANTES TARDE DO QUE NUNCA

Conheço muitas pessoas cujos sonhos foram transformados em cinzas pelo inimigo, porém, Deus mudou o cativeiro delas e restaurou das cinzas os seus sonhos.

Desejo relatar aqui o testemunho de uma amiga a quem muito prezo :

-Ainda muito jovem, ela deixou seus pais no

interior do país e transferiu-se para São Paulo, a fim de trabalhar.

Em São Paulo, ela não tinha uma morada certa. Ora ficava na casa de uma irmã, ora ficava na casa de outra; mas ela trazia um sonho no coração: Desejava casar-se, ter seu próprio lar e não depender mais de um cantinho na casa dos outros para morar.

Por isso, ela não demorou a casar-se. Mas, para seu desencanto, logo depois das núpcias, descobriu que o homem com quem casara, não era fiel a ela, não falava a verdade, não gostava de trabalhar, vivia entregue aos vícios e, como se não bastasse tudo isso, ainda era violento.

Ela fez tudo o que estava ao seu alcance para salvar o casamento. A despeito de todos os seus esforços, não foi possível.. Seus sonhos se desfizeram, só restaram as cinzas.

Dias difíceis estavam por vir. A mágoa, o ressentimento, com o passar do tempo, o vazio, a solidão, a falta de um ombro amigo. Por vezes, ela ficou deprimida e chegou a desejar a morte.

Nesses momentos difíceis, procuramos permanecer ao lado dela e estimular sua fé. Caminhamos juntos por um longo tempo, depois ela se mudou para um outro lado da cidade e não nos vimos mais. Certo dia, recebi um convite para abençoar a união matrimonial de uma cunhada dela e lá reencontrei minha querida amiga.

Depois da cerimônia ela me disse:

- Wilmar, quero apresentar-lhe meu novo namorado.

- Ah, é ? E quem é ele ? – Perguntei surpreso.

Ao que ela respondeu:

-Você não vai acreditar, mas o meu novo namorado é o meu antigo marido.

Perplexo falei:

- Como pode ser isso? Você não suportava ouvir o nome dele; quando falávamos em orar para Deus restaurar seu casamento, você sentia uma forte aversão à idéia e ficava zangada conosco.

Então ela nos contou o que acontecera:

- Ele ficou muito doente, disse ela, na verdade, chegou à beira da morte, então, na sua angústia ele clamou a Deus, e Deus o curou. Assim ele entregou sua vida a Jesus e recebeu um novo coração do Pai.

Verdadeiramente ele agora é uma nova criatura, as coisas velhas já se passaram e tudo se fez novo em sua vida.

Ele agora serve ao Senhor com inteireza de coração e, como tudo se fez novo na vida dele e na minha também, estamos namorando de novo e pretendemos nos casar, disse ela.

Não faz muito tempo que os dois se casaram de novo, depois de estarem divorciados por 20 anos!

Capítulo Três

DAVI CONSULTA AO SENHOR

"Disse Davi a Abiatar, o sacerdote, filho de Aimeleque: Traze-me aqui a estola sacerdotal. E Abiatar a trouxe a Davi.

Então, consultou Davi ao Senhor, dizendo: Perseguirei eu o bando? Alcançá-lo-ei? Respondeu-lhe o Senhor : Persegue-o, porque, de fato, o alcançarás e tudo libertarás."

(I Samuel 30 : 7,8)

Veja que tremenda atitude de fé Davi tomou aqui. Em meio à solidão, desprezo e ruína, cercado pelas cinzas e pelo sofrimento, ameaçado de morte pelos seus próprios companheiros, Davi ergue a cabeça e vai buscar a direção de Deus. Ele quer saber o que Deus esperava que ele fizesse naquele momento difícil.

É comum, em meio às crises, começarmos a dar tiros em todas as direções, tentando acertar o alvo. Mas nós que cremos em Deus, não devemos sair por aí, dando tiros no escuro. Ao contrário, em meio à tribulação, devemos consultar o Senhor, para sabermos com clareza o que Ele espera que façamos.

A FALTA DE SABEDORIA

Meu amado, não são as crises que nos derrotam e, sim, a falta de sabedoria para agirmos em meio às crises.

Muitas pessoas caem em profundo desespero, ao se verem em meio às crises. Por exemplo:

Alguém perde o emprego e logo pensa que a solução está em mudar para outra cidade, outro estado e até mesmo para outro país. E assim, precipitadamente, vende tudo o que possui, por baixo preço e vai embora .

Quando o certo seria consultar o Senhor para saber o que Deus queria que ele fizesse naquela situação.

Quem sabe Deus permitiu que esta porta fosse fechada aqui, porque Ele tem outra muito melhor aberta para a pessoa, logo adiante

Amado, se esta é a sua situação, não vá sair por aí fazendo coisas erradas, não tome decisões precipitadas das quais você se arrependerá amargamente mais tarde.

Pare, pare, consulte o Senhor, faça como Davi, busque a orientação de Deus para sua vida. Procure saber o que Deus quer que você faça no momento de crise.

COMO CONSULTAR O SENHOR

As pessoas no Velho Testamento não eram nascidas de novo e necessitavam dos outros, para consultar o Senhor e precisavam de sinais externos para conhecer a direção de Deus.

O servo de Abraão, por exemplo, que entendemos que seja Eliezer, quando foi buscar uma noiva para Isaque, entre a parentela de Abraão em Padã-Arã; ele orou, pedindo ao Senhor um sinal externo. A jovem a quem ele pedisse água para beber e ela lhe desse de beber e oferecesse água também para seus camelos seria a jovem que Deus havia preparado para o filho do seu senhor, Abraão. **(Gênesis 24:14)**

Outro exemplo que podemos mencionar aqui é o de Gideão. Quando Deus o chamou para livrar Israel das mãos dos povos do Oriente, Gideão consultou a Deus através de uma porção de lã.

Ele estava tão amedrontado, que necessitava de um sinal externo, para saber se fora mesmo Deus que o chamara para aquela importante missão. **(Juízes 6 :37-40)**

A NUVEM DO SENHOR

> *"Guiou-os de dia com uma nuvem e durante a noite com um clarão de fogo."*
>
> (Salmos 78 :14)

A coluna que de dia se manifestava na forma de nuvem e durante a noite na forma de fogo era a prova visível da direção de Deus para eles.

Quando Moises erigiu o tabernáculo ao pé do monte Sinai, a nuvem do Senhor repousou sobre ele, perante os olhos de todo o Israel.

Quando a nuvem se levantava de sobre o tabernáculo, os filhos de Israel preparavam-se para partir. Onde a nuvem parava, ali os filhos de Israel armavam seu acampamento. Assim a nuvem do Senhor os guiou de maneira visível por 40 anos no deserto: até que entrassem na terra de Canaã. (**Êxodo 13:21, 22; Números 9:15 -23)**

No texto em pauta, vemos que Davi necessitava da estola sacerdotal, ou seja, do ofício do sacerdote, para saber qual era a direção de Deus para sua vida naquele instante.

Hoje, amado, nós somos o santuário de Deus. (**I Coríntios 3:16**)

Antes de sua subida ao céu, Jesus prometeu rogar ao Pai pedindo que Ele enviasse o Espírito Santo, para estar sempre conosco. (**João 14:16**)

Jesus já foi glorificado, o Espírito Santo já foi derramado na igreja e hoje todo o filho de Deus é guiado pelo Espírito de Deus. (**Romanos 8:14)**

Não temos mais necessidade de sinais externos, de estola sacerdotal, nem do ofício do profeta, para conhecermos a direção de Deus.

Não! Hoje o Shekinah de Deus, aquela nuvem luminosa que guiou Israel no deserto, habita dentro de nós e nos guia a toda a verdade. (**João 16:13)**

Não quero dizer com isso que você não deva buscar a orientação de ninguém. Há pessoas estabelecidas por Deus na igreja para orientar o seu povo, o que eu estou lembrando é que você tem um caminho sobremaneira excelente, o Espírito Santo, habitando no seu coração regenerado. Ele lhe dará direção; Ele guiara você a toda vitória.

Dependa dele a cada instante, assim você fará a coisa certa, na hora certa e da maneira certa.

Capítulo Quatro

DAVI SEGUE A ORIENTAÇÃO DE DEUS

"Partiu, pois, Davi, ele e os seiscentos homens que com ele se achavam, e chegaram ao ribeiro de Besor, onde os retardatários ficaram."
(I Samuel 30: 9)

Uma vez que Davi consultou o Senhor e obteve a resposta de Deus; ele não retardou sua partida, depois de haver estimulado a fé de seus companheiros. Partiu com eles para a batalha. Assim Davi e seus seiscentos homens ergueram-se das cinzas, viraram as costas para as ruínas e marcharam firmes ao encalço do inimigo.

DEUS NÃO DECIDIRÁ POR NÓS

Quando a vontade de Deus e sua direção para nós são conhecidas com clareza em meio a uma situação difícil, temos que tomar a decisão.

Vamos continuar prostrados sobre as cinzas, lamentando a triste sorte, conformando-nos com uma vida medíocre, sem qualquer expectativa de vitória?

Ou vamos partir imediatamente, seguindo a direção dada por Deus, como fez Davi e experimentarmos os resultados gloriosos da obediência por toda a vida?

Minha esposa e eu já nos vimos numa situação difícil assim certa vez. Tínhamos que tomar uma decisão a qual faria uma diferença tremenda em nossa família para sempre.

Quando nossa filha mais velha tinha um ano de idade, tomamos conhecimento de que ela tinha um problema físico muito sério, tratava-se de uma luxação congênita no quadril esquerdo.

Se aquele problema houvesse sido detectado pelo pediatra nos primeiros dias de vida de nossa filha, teria sido facilmente sanado, simplesmente com o uso de um fraldão especial – Fralda de Frejka.

Infelizmente, ela não foi examinada devidamente e só viemos a tomar conhecimento da situação, quando ela completou um ano de idade. Por causa das constantes quedas, para uma criança que já havia aprendido a andar, começamos a observá-la, e percebemos que uma de suas perninhas era mais curta que a outra.

Ao levá-la a um ortopedista de renome, ficamos sabendo que não havia muita esperança para mudar a situação.

De maneira que um leigo pudesse entender, o médico passou a nos explicar:

"Quando a cabeça do fêmur fica fora do lugar, ela fica como se fosse algo gelatinoso, após um ano de idade, a chance de se tornar osso sólido é muito remota. O tratamento é penoso e longo, pode durar toda a sua infância; mas, acrescentou ele, vocês têm que realizá-lo, pois devemos fazer tudo que estiver em nosso alcance para que ela não venha a ter uma deficiência física. Vocês precisam ser perseverantes, a maioria dos pais desiste do tratamento por ser muito penoso."

Decidimos iniciar o tratamento imediatamente. Com apenas um ano e dois meses de idade, nossa pequena Késia passava por uma cirurgia para colocar a cabeça do fêmur no lugar certo.

Realmente, o tratamento seria muito penoso; ela voltou da cirurgia engessada do peito até os tornozelos .

A afirmação que o médico fizera de que o tratamento duraria por toda sua infância, às vezes nos trazia desânimo e desespero. Mas, quando isso acontecia, nos fortalecíamos no Senhor e continuávamos firmes rumo à vitória, a qual veio após um ano e três meses de tratamento, quando o médico chefe da equipe de ortopedistas que cuidou de nossa filha afirmou:

"Se Deus existe, Ele operou um milagre, pois a cabeça do fêmur do lado esquerdo, está igual à cabeça do fêmur do lado direito."

Louvado seja Deus ! Ele operou um milagre !

Hoje, quando escrevo este livro, a Késia tem 15 anos de idade, é uma jovem alegre e feliz, tem suas pernas perfeitas, leva uma vida normal, está cursando o segundo colegial e é vocalista da equipe de louvor de nossa Comunidade

Glória a Deus por essa tremenda maravilha!

A PACIÊNCIA DE DAVI COM OS MAIS FRACOS

"Davi, porém, e quatrocentos homens continuaram a perseguição, pois que duzentos ficaram atrás, por não poderem, de cansados que estavam, passar o ribeiro de Besor."

(I Samuel 30: 10)

Num determinado ponto da caminhada, duzentos dos homens que seguiam a Davi, não puderam prosseguir de cansados que estavam. Creio que Davi impôs uma marcha bem puxada aos seus homens, a fim de remir o tempo; de sorte que os mais idosos que havia no grupo de Davi, não conseguiram acompanhar o ritmo e pararam.

Eles estavam debilitados fisicamente por causa da longa viagem que fizeram a Afeca, onde os exércitos dos filisteus se ajuntaram para batalhar contra Israel.

Ao serem dispensados pelos príncipes dos filisteus, eles fizeram a mesma viagem de volta a Ziclaque, onde depararam com a tragédia e, sem qualquer descanso, partiram à procura do inimigo: Agora, eles não tinham mais forças físicas para prosseguir, por essa razão, ficaram tomando conta da bagagem.

Meu amado, nós nunca devemos desprezar os mais idosos, mesmo que eles não possam caminhar conosco na mesma velocidade, pois podemos aprender muito com suas experiências.

Davi entendia bem a importância desses homens, mesmo cansados, eles seriam muito úteis. Poderiam ficar tomando conta da bagagem e protegendo a retaguarda, enquanto Davi e os outros prosseguiam com uma preocupação a menos.

Capítulo Cinco

PROSSEGUINDO NA ORIENTAÇÃO DIVINA

"Acharam no campo um homem egípcio e o trouxeram a Davi; deram-lhe pão, e comeu, e deram-lhe a beber água.Deram-lhe também um pedaço de pasta de figos secos e dois cachos de passas, e comeu, recobrou, então, o alento, pois havia três dias e três noites que não comia pão, nem bebia água. Então, lhe perguntou Davi: De quem és tu e de onde vens? Respondeu o moço egípcio: Sou servo de um amalequita, e meu senhor me deixou aqui, porque adoeci há três dias."
(I Samuel 30: 11-13)

Deixando a bagagem com aqueles duzentos homens, Davi e os outros prosseguiram na esperança de alcançar o inimigo, retomar suas famílias e recobrar os seus bens.

No caminho, encontraram um homem faminto, que fora abandonado pelo seu senhor, fazia três dias por estar doente.

Veja a perversidade daquele amalequita; enquanto aquele homem tinha boa saúde, seu senhor o levava consigo, para executar seus propósitos malignos.

Agora doente, ele não tinha mais nenhuma utilidade para o seu senhor. Por isso foi deixado para trás como algo descartável, que, após usado, não tem mais serventia nenhuma.

Pense nisso: - se houvesse um pingo de compaixão no coração do senhor amalequita, ele teria levado seu servo consigo e cuidado dele na enfermidade, pois tinha meios e recursos para isso.

Porém, o que fez? Abandonou-o em pleno deserto, sem água e sem pão, para que morresse.

Não é bem assim, que o diabo tem feito com as pessoas, que o servem neste mundo?

Ele se utiliza delas para executar seus propósitos malignos, depois, as abandona na miséria, para que morram.

O diabo é um mau patrão, não vale a pena servi-lo.

MERO ACASO OU PROVIDÊNCIA DIVINA ?

O fato dos servos de Davi haverem encontrado aquele homem no deserto, não foi obra do acaso; antes revela claramente o cuidado e a providência de Deus para com Davi. Sempre que pedimos alguma coisa a Deus, Ele no-la dá. Davi havia buscado a orientação de Deus, agora, Deus o estava guiando. Aquele amalequita abandonou seu servo no deserto, para que morresse, porém, Deus guiou Davi até ele para que fosse salvo; pois, uma vez salvo da morte, seria um guia perfeito para Davi naquele deserto. Certamente, ele conhecia muito bem o caminho que os amalequitas haviam tomado e sabia onde eles estariam naquele instante.

PAGUE SEMPRE O MAL COM O BEM

> *"Disse-lhe Davi: Poderias, descendo, guiar-me a esse bando? Respondeu-lhe: Jura-me, por Deus, que me não matarás, nem me entregarás nas mãos de meu senhor, e descerei e te guiarei a esse bando."* (I Samuel 30:15)

Mesmo depois de saber quem era aquele homem e todo mal que lhe fizera, Davi não o matou, antes cuidou bem dele e esta generosidade teve uma grande recompensa. Na verdade aquele homem foi muito útil, conduzindo Davi naquele deserto.

> *"Se teu inimigo tiver fome, dá-lhe de comer ; se tiver sede, dá-lhe de beber, pois, fazendo isso, amontoarás brasas vivas na sua cabeça."* (Romanos 12:20)

Eu não estou sugerindo com esse versículo, que você deva se compadecer do diabo. Não! Mil vezes, não! Em relação ao diabo, no Nome de Jesus, pise bem forte na cabeça dele.

Tenho para mim que o egípcio, em resposta ao cuidado de Davi, não apenas o guiou até o arraial dos amalequitas, como também tornou-se um de seus homens e o serviu, com o coração cheio de gratidão.

A VITÓRIA DA FÉ

> *"E, descendo, o guiou. Eis que estavam espalhados sobre toda a região, comendo, bebendo e fazendo festa por todo aquele grande despojo que tomaram da terra dos filisteus e da terra de Judá. Feriu-os Davi, desde o crepúsculo vespertino até à tarde do dia seguinte, e nenhum deles escapou, senão só quatrocentos moços que, montados em camelos, fugiram . Assim, Davi salvou tudo quanto haviam tomado os amalequitas; também salvou as suas duas mulheres. Não lhe faltou coisa alguma, nem pequena, nem grande, nem os filhos, nem as filhas, nem o despojo, nada do que lhes haviam tomado: tudo Davi tornou a trazer."* (I Samuel 30:16-19)

Davi não tinha nenhuma dificuldade em crer na Palavra de Deus . Se Deus disse que lhe entregaria os inimigos nas mãos, então era só agir e assim seria .

Outra prova nítida da orientação divina na vida de Davi, foi o tempo.

Deus não somente o guiou na direção certa mas também na hora certa.

Davi chegou ao arraial dos amalequitas e os encontrou despreocupados, comendo e bebendo do que haviam roubado. Festejavam abundantemente a ruína dos servos de Deus, alegrando-se e escarnecendo de Davi e do Deus de Israel.

Mas Deus os entregou de surpresa nas mãos de Davi, jamais aqueles amalequitas poderiam imaginar que Davi soubesse onde eles estavam, e que de um ponto estratégico os observava cuidadosamente, aguardando o momento certo para atacar.

No clímax da orgia, quando os amalequitas já estavam dominados pelo vinho, Davi caiu de súbito sobre eles e os derrotou completamente. É comum na guerra haver pessoas mortas também do lado dos vencedores.

No entanto, todas as pessoas foram resgatadas com vida. Sequer uma criança veio a faltar.

Esta é mais uma prova inquestionável da providência de Deus para com Davi. Quanto aos bens materiais, Davi não apenas tomou de volta tudo que os amalequitas haviam roubado, como também todos os demais bens que estavam em poder deles. Meu amado, eu vejo nisto uma tremenda promessa de Deus para sua vida. Se o inimigo tem-lhe roubado, busque a orientação de Deus e, ao recebê-la, procure segui-la fielmente, então Deus entregará o inimigo nas suas mãos e você terá de volta, tudo o que lhe pertencia, e até mesmo o que não lhe pertencia antes virá a ser seu.

" Não é certo que se despreza o ladrão, quando furta para saciar-se, tendo fome ?

Pois este, quando encontrado, pagará sete vezes tanto; entregará todos os bens de sua casa." (Provérbios 6:30,31)

Capítulo Seis

A FIDELIDADE DE DAVI

"Chegando Davi aos duzentos homens que, de cansados que estavam, não o puderam seguir e ficaram no ribeiro de Besor, estes saíram ao encontro de Davi e do povo que com ele vinha; Davi, aproximando-se destes, os saudou cordialmente. Então, todos os maus e filhos de Belial, dentre os homens que tinham ido com Davi, responderam e disseram: Visto que não foram conosco, não lhes daremos do despojo que salvamos; cada um, porém, leve sua mulher e seus filhos e se vá embora."

(I Samuel 30 : 21-22)

Veja que coisa: até mesmo entre os homens de Davi, havia pessoas malignas que queriam valer-se da ocasião, para tirar proveito de seus companheiros.

Por favor, não fique escandalizado com o que vou afirmar: mas até mesmo entre aqueles que partilham da comunhão conosco, há pessoas que planejam o mal contra nós.

Não faz muitos anos, uma irmã nos procurou, pedindo-nos que conseguíssemos um lugar para seu irmão morar. Ele estava chegando do interior do país e ela não poderia recebê-lo em casa, porque o marido não permitia.

Estávamos construindo o templo da igreja, e ela pediu-nos que o deixasse ficar num cômodo que havia no terreno, até que as coisas se ajeitassem para ele.

Compadecidos do rapaz, permitimos que ele fosse morar no terreno da igreja. Ele começou a freqüentar as nossas reuniões, levantou as mãos para Jesus e até foi batizado nas águas.

Aprendeu a ler e a escrever no curso de alfabetização da igreja, tirou seus documentos e chegou a empregar-se.

Quando foi necessário demolir o cômodo em que ele morava para prosseguir com a construção, ele se recusou a sair e exigiu que lhe déssemos uma indenização.

Achamos que isso era uma grande injustiça dele para conosco, depois de tudo que havíamos feito por ele. Pensávamos que ele fosse se arrepender do que dissera e desocupar o terreno. Ao invés disso, ele colocou a igreja na Justiça argumentando que havia trabalhado todos aqueles anos para nós. Deus advogou a nossa causa e não permitiu que a Justiça desse ganho de causa àquele jovem filho de Belial.

" O apóstolo João disse: Eles saíram de nosso meio; entretanto, não eram dos nossos, porque, se tivessem sido dos nossos, teriam permanecido conosco; todavia, eles se foram para que ficasse manifesto que nenhum deles é dos nossos ."

(I João 2:19)

" O apóstolo Paulo também argumentou: Alexandre, o latoeiro, causou-me muitos males, o Senhor lhe dará a paga, segundo as suas obras. Tu, guarda-te também dele, porque resistiu fortemente às nossas palavras.."

(II Timóteo 4: 14-15)

A JUSTIÇA DE DAVI

" Porém Davi disse: Não fareis assim, irmãos meus, com o que nos deu o Senhor, que nos guardou e entregou às nossas mãos o bando que contra nós vinha.

Quem vos daria ouvidos nisso? Porque qual é a parte dos que desceram à peleja, tal será a parte dos que ficaram com a bagagem; receberão partes iguais."

(I Samuel 30:23-24)

Davi reconhecia que fora Deus que lhes dera a vitória e não seu próprio braço. Vimos aqui uma atitude de justiça e gratidão da parte de Davi. Ele era grato por aqueles que foram com ele à batalha, mas também era grato, por aqueles que ficaram na retaguarda, cuidando da bagagem.

Meu amado, quando tudo lhe for bem, não esqueça de dar um abraço naquele com o qual você compartilhou sua dificuldade num dia mau.

Quando você estiver gozando dos sucessos, não esqueça de dar um sorriso para aquele que lhe estendeu a mão na dificuldade.

Pense bem: quem sabe o seu sucesso agora, não é o resultado das orações que pessoas humildes sempre fizeram em seu favor?

Não seja injusto, ingrato, egoísta e mesquinho, como aqueles filhos de Belial, que não reconheceram o valor dos que ficaram tomando conta da bagagem.

Eu creio que aqueles duzentos homens não ficaram apenas tomando conta da bagagem, mas também intercedendo por Davi e pelos homens que com ele estavam, para que pudessem triunfar sobre o inimigo.

Quantas pessoas procuram o pastor e o grupo de intercessão da igreja e pedem que eles orem, por um emprego melhor, por uma promoção desejada, a solução de um problema.

Mas, quando tudo lhes vai bem, eles não são capazes de trazer o dízimo e a oferta à Casa do Senhor; nem tão pouco se lembram de dar uma palavra de gratidão àqueles que clamaram a Deus em favor de suas vidas

Davi era um homem justo e cheio de gratidão, primeiramente para com Deus, depois, para com as pessoas que o ajudavam.

Ele reconheceu o valor daqueles duzentos homens, que ficaram tomando conta da bagagem.

Amado, sempre há um grupo de soldados que fica tomando conta da bagagem, sempre há um grupo na igreja que intercede por aqueles que vão à luta.

Quando formos arrebatados em glória, Jesus retribuirá a cada um dos seus servos. Creio que haverá muitas surpresas naquele dia.

Imagine comigo esta ilustração:

Eu estou no céu, na festa das Bodas do Cordeiro, quando Jesus começa a distribuir os galardões. Ele vai recompensar aqueles que trabalharam incansavelmente na sua obra.

De repente, Ele olha para mim, chama-me pelo meu nome e me entrega uma linda coroa de glória.

Extasiado, estendo as minhas mãos e recebo aquela belíssima coroa, exclamando:

"Senhor, jamais pensei que o meu trabalho no seu reino lá na terra, merecesse uma recompensa tão grande assim."

E, cheio de satisfação, começo a levar aquela imarcescível coroa de glória a minha cabeça, mas Jesus diz :

-Não, Wilmar, não faça isso, essa coroa não é para a sua cabeça.

-Não? Mas o Senhor entregou a mim!

-Sim, eu a entreguei a você, para que você a entregue àquela senhora que intercedeu tanto pela sua salvação.

Capítulo Sete

A ESTRATÉGIA DE DAVI

" Chegando Davi a Ziclague, enviou do despojo aos anciãos de Judá, seus amigos, dizendo: Eis para vós outros um presente do despojo dos inimigos do Senhor"

(I Samuel 30:26)

O ato de Davi enviar presentes aos anciãos de Judá, foi algo muito sublime e revela a magnitude de seu coração

As pessoas enviam presentes umas as outras com o propósito de expressar amor, admiração, amizade, alegria, etc.

Davi tinha muitos motivos para enviar presentes àquelas pessoas. Consideremos alguns desses motivos:

Alegria – Davi acabara de chegar vitorioso da batalha e seu coração estava transbordando de alegria, não havia luto na cidade; pois ninguém morrera na guerra.

Ele queria compartilhar com seus amados de Judá, o grande livramento que o Senhor lhe dera, e não poderia haver algo melhor para expressar sua alegria, do que compartilhar com eles um presente dos despojos que ele trouxera dos amalequitas.

Gratidão - Eu creio que uma outra razão pela qual Davi enviou presentes aos anciãos de Judá foi a gratidão. Davi era grato àqueles homens , pela proteção que recebera deles, em todo o tempo que passou fugindo da fúria de Saul.

A gratidão é uma virtude, que enaltece o servo do Senhor. Não é à toa que a Palavra de Deus nos manda ser agradecidos. (**Colossenses 3:15**).

Amizade - Tenho para mim que o motivo principal de Davi, ao enviar aqueles presentes, era estreitar os laços de amizade entre ele e seus compatriotas.

Davi sabia que, mais cedo ou mais tarde, Deus removeria Saul de uma vez por todas de seu caminho. Então ele estaria livre para voltar a sua terra e assumir o trono que Deus lhe prometera.

Na verdade, enquanto Davi perseguia os amalequitas, Israel foi derrotado pelos filisteus e Saul foi morto na batalha. Dois dias depois da volta de Davi a Ziclaque, ele recebeu a notícia da morte de Saul e o pranteou.

Meu amado, se você tem uma promessa de Deus, para ocupar uma posição mais elevada, quer seja na vida ministerial, quer seja na vida profissional, não queira remover ninguém do seu caminho, ainda que esse alguém não esteja cumprindo bem sua função; não tente fazer aquilo que Deus não lhe mandou fazer. Não caia na bobagem de querer tomar a vez de Deus.

Em pelo menos duas vezes, Davi teve a vida de Saul em suas mãos, mas ele disse aos seus homens:

> *"O Senhor me guarde de que eu faça tal coisa ao meu senhor, isto é, que eu estenda a mão contra ele, pois é o ungido do Senhor ."* (I Samuel 24:6)

> *"Acrescentou Davi : Tão certo como vive o Senhor, este o ferirá ou o seu dia chegará em que morra, ou em que , descendo à batalha, seja morto. "* (I Samuel 26:10)

DEPOIS DA TEMPESTADE VEM A BONANÇA

> *"Depois disto, consultou Davi ao Senhor, dizendo: Subirei a alguma das cidades de Judá? Respondeu-lhe o Senhor: Sobe. Perguntou Davi: Para onde subirei ? Respondeu o Senhor: Para Hebrom."* (II Samuel 2:1)

Veja, meu amado, como Davi valorizava a orientação do Senhor. Tudo agora estava bem, ele tinha de novo sua família ao lado; Saul não existia mais; sua vida já não estava em risco, no entanto, ele não daria um passo sequer, sem que antes consultasse o Senhor, para conhecer sua vontade específica.

Muitas pessoas se preocupam em buscar o Senhor, somente no dia mau. Quando tudo vai bem, elas nem sequer se lembram que Deus existe. Na alegria ou na dor, Davi sempre buscou o Senhor.

Não é à toa que ele foi chamado " o homem segundo o coração de Deus".

Meu amado, se você quer sair da derrota para a vitória; da miséria para a prosperidade; do caos para a ordem perfeita; das cinzas para as realizações, siga o exemplo de Davi.

A Bíblia diz que devemos ser imitadores daqueles que pela fé e paciência herdam as promessas. (**Hebreus 6:12**)

CONCLUSÃO

"Fez Davi subir os homens que estavam com ele, cada um com sua família, e habitaram nas aldeias de Hebrom.

Então, vieram os homens de Judá e ungiram ali Davi rei sobre a casa de Judá. E informaram Davi de que os homens de Jabes-Gileade foram os que sepultaram Saul."

(II Samuel 2:3,4)

Que reviravolta tremenda aconteceu na vida de Davi, poucos dias antes, ele estava prostrado nas cinzas, chorando amargamente sua sorte.

Sem família, sem prestígio, sem esperança e sem direção na vida, desacreditado de todos, ameaçado de morte por seus próprios companheiros.

Mas Davi lembrou-se do Deus Todo-poderoso, buscou a sua orientação e empenhou-se por segui-la fielmente. Por isso, Deus o exaltou das Cinzas de Ziclaque ao trono de Israel !

"E a pôr sobre os que em Sião estão de luto uma coroa em vez de cinzas, óleo de alegria, em vez de pranto, veste de louvor, em vez de espírito angustiado; a fim de que se chamem carvalhos de justiça, plantados pelo Senhor para a sua glória."(Isaías 61:3)

Das cinzas ao Trono

***Música e Letra**: Pr. Wilmar Soares Siqueira*

Quando você viu todos os seus sonhos, transformados em cinzas.
Foi normal ficar, triste a chorar, em meio às ruínas.
Mas não vale a pena, ficar para sempre neste desespero.
Erga a cabeça, olha pra Jesus, Ele vai mudar o seu cativeiro.

Se você quer, vitória, canta e louva, o nome do Senhor.
Enquanto você canta, os anjos trabalham em seu favor.

Clama por Jesus, pede por socorro, Ele o ouvirá.
Um coração contrito, e despedaçado, Ele não rejeitará.
Erga-se das cinzas, deixa essas ruínas, saia do abandono.
Vira essa pagina, olha para cima, Deus o levará das cinzas ao trono.